混声合唱曲集

あれは風だったのですか

門倉 訣 作詩
信長貴富 作曲

カワイ出版

混声合唱曲集
あれは風だったのですか

　本作は、神戸市役所センター合唱団からの委嘱により作曲したものです。長年にわたって平和への祈りを歌い続けてきた同団に向けての創作を思うとき、まず最初に浮かんだことはメッセージをさり気なく示すことでした。歌として普遍性を持たせること、あるいは芸術に昇華させることと言い換えることもできるでしょう。

　では、さり気なく示す、とは何か。これは実は大問題だと思っています。現代社会は分断の時代であり、一方の主張が他方の陣営に届かない、つまり、互いに自身と親和性のあるグループの外にある考えに触れることがなく、主張の乖離がデフォルメされていく流れになっていると思うのです。この時代にあって、強い信念をひたすら訴えるだけでは、あちら側には届かない、見向きもされないということが起こります。戦略としての「さり気なさ」が必要だと。

　もう一点は音楽、あるいは芸術の在り方に関わる視点です。優れた音楽、優れた芸術は、その存在だけで人の心に入っていける、ということ。それが普遍ということになるでしょう。私たちは音楽を磨かなければならないし、その努力なしには「届けること」は成立しない。さらに言い換えれば、心から音楽を喜び合う姿を社会に示していく、これこそが、平和への強いメッセージなのだ、と。自戒の念を込めて、そう思います。本作がその理念に叶うものであるか、演奏を通じて厳しく問われなければならないと思っています。

　と、やや気むずかしげな文章を書いてしまいましたが、本作の性格は極めて親しみやすく、時にユーモアを含みつつ聴き手を音楽の内容に優しく導いていく仕上がりになっています。今回、門倉　訣（1935-2009）の複数の詩集から、曲想のバラエティを考慮しつつ6つの詩を選び、全体を通して現代社会を浮かび上がらせる構成を作りました。

　初演にあたっては指揮の山本収先生、ピアノの井上由子先生、神戸市役所センター合唱団の皆さま並びに市民団員の皆さまに大変お世話になりました。深く感謝申し上げます。

信長貴富

委　嘱　神戸市役所センター合唱団
初　演　2018年12月2日　神戸新聞松方ホール
　　　　《神戸市役所センター合唱団　第41回定期演奏会》
　　　　指　揮　山本　収
　　　　ピアノ　井上由子
　　　　合　唱　神戸市役所センター合唱団

混声合唱曲集

あれは風だったのですか

1. あれは風だったのですか　　　　　　　　［3分30秒］　　4
2. ゲーム　　　　　　　　　　　　　　　　［2分50秒］　　14
3. あと三分　　　　　　　　　　　　　　　［4分00秒］　　22
4. Children on the Road　　　　　　　　　［5分10秒］　　40
5. 免罪符の唄　　　　　　　　　　　　　　［3分40秒］　　52
6. 鳩とかもめ　　　　　　　　　　　　　　［4分00秒］　　63

詩　　　　　　　　　　　　　　　　　　　　　　　　　　80

●全曲の演奏時間＝約23分10秒

皆様へのお願い

楽譜や歌詞・音楽書などの出版物を権利者に無断で複製（コピー）することは、著作権の侵害（私的利用など特別な場合を除く）にあたり、著作権法により罰せられます。また、出版物からの不法なコピーが行われますと、出版社は正常な出版活動が困難となり、ついには皆様方が必要とされるものも出版できなくなります。
音楽出版社と日本音楽著作権協会（JASRAC）は、著作者の権利を守り、なおいっそう優れた作品の出版普及に全力をあげて努力してまいります。どうか不法コピーの防止に、皆様方のご協力をお願い申しあげます。

　　　　　　　　　　　　　　　　　　　カワイ出版
　　　　　　　　　　　　　　　一般社団法人　日本音楽著作権協会

携帯サイトはこちら▶
出版情報＆ショッピング　**カワイ出版ONLINE**　http://editionkawai.jp

1. あれは風だったのですか

門倉 訣 作詩
信長貴富 作曲

2. ゲーム

門倉 詇 作詩
信長貴富 作曲

3. あと三分

門倉 訣 作詩
信長貴富 作曲

4. Children on the Road

門倉 訣 作詩
信長貴富 作曲

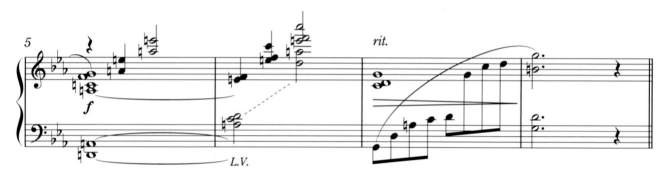

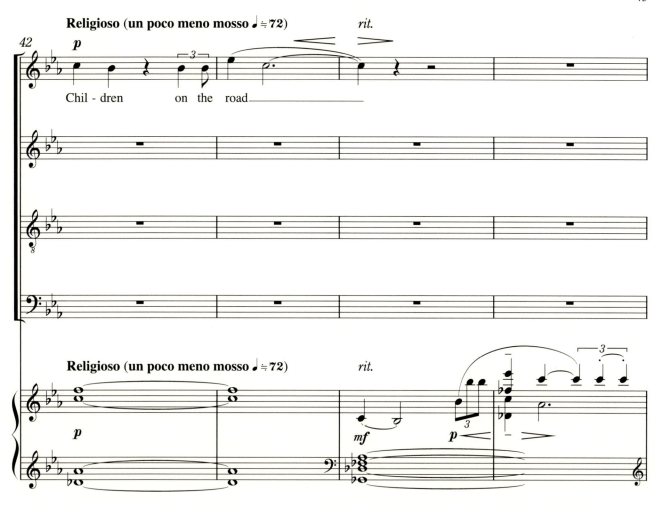
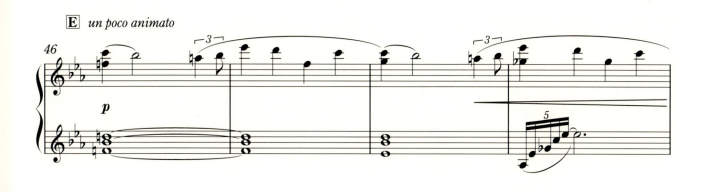
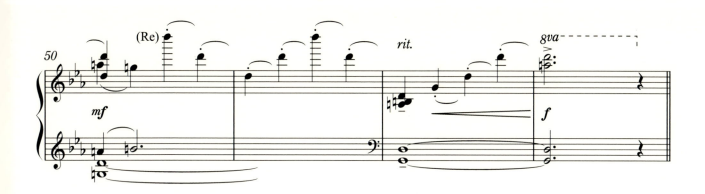

6. 鳩とかもめ

どれだけ高く飛んだら
かもめは空にとどくだろう

どれだけとおく飛んだら
鳩は夕日に染まるだろう

どれだけよるを数えれば
大きな虹がみえるだろう

どれだけ名前を呼んだら
兵士はかえってくるだろう

どれだけこころが痛んだら
赤い銃火はやむのだろう

どれだけ長くいのったら
愛する人に会えるだろう

どれだけつよくねがったら
自由はこの手にかえるだろう

どれだけ大きく叫んだら
平和は地球にもどるだろう

どれだけ高く飛んだら
かもめは空にとどくだろう

どれだけとおく飛んだら
鳩は夕日に染まるだろう

『門倉 訣うたう詩集』（日本青年出版社）所収

※曲中の歌詞を一部変更している箇所があります。

5. 免罪符の唄

町会長が　やってきた
（寄付をおねがいします
つきあいだけでいいのです）
ほんのつきあいくらいなら
波風たてることもない
わたしは寄付をしてやった

赤十字が　やってきた
（募金をおねがいします
めぐまれない子のために）
せめて人なみくらいなら
赤い羽根をむねにさし
わたしは　募金をしてやった

駅前で　叫んでいる
（カンパをおねがいします
アフリカが飢えてます）
せめて毛布を一枚分
いいさ救ってやるために
わたしは　カンパをしてやった

世間に波風たてぬため
わたしは　寄付をしてやった
めぐまれない子を救うため
わたしは　募金をしてやった
飢えたアフリカを救うため
わたしは　カンパをしてやった

わたしのむねはすっとした
わたしは　カンパをしてやった

けれど　いのちは救えたか
けれど　子どもは助かるか
けれど　地球は　救えるか

それで　いのちは救えたか
それで　子どもは助かるか
それで　地球は　救えるか
‥‥‥‥‥‥‥‥‥

詩集『愛する人へ』（けやき書房）所収

4. Children on the Road　（原題「On the Road Children」）

神さまが　母さんをつれていった
神さまが　父さんをつれていった
神さまが　天国へつれていった
あおい空が目にしみる午後だった
祭りの花火のように
地雷の音が
天国までのぼっていった
車の波をかきわけながら
きょう　絵はがきが三組　売れた
神さま　ぼくを知っていますか
On the Road Children
神さまも　ぼくらをそう呼びますか
On the Road Children

神さまが　弟をつれていった
神さまが　妹をつれていった
神さまが　天国へつれていった
燃えるたいようが目にしみる午後だった
戦場の煙幕のように
地雷の煙が
天国までのぼっていった
排気ガスをかきわけながら
きょう　花束が四束　売れた
神さま　ぼくを知っていますか
On the Road Children
神さまも　ぼくらをそう呼びますか
On the Road Children

『少年よ　森へ行こう』（てらいんく）所収

3. あと三分

あと三分
あと三分で
靴ははけるか
着がえはできるか
ある日
橋がおちる　街がもえる
河があふれる　山がくずれる
時計がとまる
その前に
あと三分
あと三分でなにができるか
まだ地球が動いている　今
鳥がないている　今
こどもたちが笑っている　今

あと三分
あと三分で
仕事はおわるか
旅はおわるか
ある日
ビルがこわれ　人がとける
空がおちる　海が裂ける
地球がとまる
その前に
あと三分
あと三分でなにができるか
まだ地球が動いている　今
花がさいている　今
こどもたちが駆けてくる　今

詩集『愛する人へ』（けやき書房）所収

2. ゲーム （原題「核戦争ゲーム」）

たとえば　これはゲームだからと
部隊長が口を切った
ここにひとつの発射基地と
降下部隊を配備しよう
世界地図をひろげながら
部隊長はひげをなでた

なるほど　これはゲームだからと
国防相が目を光らせた
さらにひとつ貯蔵サイロと
一個部隊を配備しよう
世界地図をにらみながら
国防相はむねをはった

もちろん　これはゲームだからと
大統領はボタンをなでた
不沈空母にミサイルのせて
P3Cも配備しよう
世界地図をゆびさしながら
大統領はボタンをなでた

大統領はボタンをなでた
世界地図をゆびさしながら
核戦争のボタンをなでた

詩集『愛する人へ』（けやき書房）所収

あれは風だったのですか

門倉 訣

1. あれは風だったのですか

あれは風だったのですか
あれはゆめだったのですか
あれは飛べない鳩だったのですか
あれは消えた列車だったのですか
あなたは風だったのですか
風の列車だったのですか

あれは風だったのですか
あれは海鳴りだったのですか
あれはくずれた砂山だったのですか
あれはこわれた時計だったのですか
あなたは風だったのですか
風の時計だったのですか

あれは風だったのですか
あれは雨つぶだったのですか
あれはとけた足おとだったのですか
あれは帰らぬ兵士だったのですか
あなたは　風だったのですか
風の兵士だったのですか

詩集『愛する人へ』（けやき書房）所収

混声合唱曲集　あれは風だったのですか　門倉　訣（かどくらさとし）作詩／信長貴富（のぶながたかとみ）作曲

●発行所＝カワイ出版（株式会社 全音楽譜出版社 カワイ出版部）
〒161-0034　東京都新宿区上落合 2-13-3　TEL 03-3227-6286 ／ FAX 03-3227-6296
出版情報 http://editionkawai.jp
●楽譜浄書＝神田屋　●印刷・製本＝平河工業社
ⓒ 2019 by edition KAWAI, a division of Zen-On Music Co., Ltd.
●楽譜・音楽書等出版物を複写・複製することは法律により禁じられております。落丁・乱丁本はお取り替え致します。
●本書のデザインは予告なく変更される場合がございます。
ISBN978-4-7609-1990-1

2019 年 2 月 1 日　第 1 刷発行
2020 年 7 月 1 日　第 2 刷発行